CATALOGUE

DES

OBJETS D'ART

ET DE TRÈS BEL AMEUBLEMENT

RENAISSANCE ET XVIIIe SIÈCLE

Sculptures, Bronzes, Marbres, Porcelaines, Faïences

SUPERBES DIAMANTS ANCIENS

Parure dite de Marie-Antoinette

PERLES ET PIERRES DE COULEUR

Bijoux, Émaux, Objets de vitrine, Argenterie, Dentelles

MAGNIFIQUES TAPISSERIES

Tentures en velours de Gênes et en broderie

MEUBLES EN BOIS SCULPTÉ ET ORNÉS DE BRONZES

Cheminée monumentale

TABLEAUX ANCIENS ET MODERNES

Aquarelles, Dessins, Gouaches et Gravures

NOMBREUX ET BEAUX TAPIS D'ORIENT

Curiosités — Étoffes — Cuivres ouvrés — Salon dit Moucharabi

ET DONT LA VENTE AURA LIEU

Par autorité de justice

HOTEL DROUOT, SALLE N° 1

Les Mercredi 24, Jeudi 25, Vendredi 26 et Samedi 27 Août 1892

A DEUX HEURES

COMMISSAIRES-PRISEURS :

Me LÉON TUAL	Me G. DUCHESNE
Rue de la Victoire, 56	Rue de Hanovre, 6

CHEZ LESQUELS SE TROUVE LE PRÉSENT CATALOGUE

EXPOSITION PUBLIQUE

Le Mardi 23 Août 1892, de deux heures à cinq heures et demie

CONDITIONS DE LA VENTE

Elle sera faite *expressément* au comptant.

Les Acquéreurs paieront CINQ POUR CENT en sus des adjudications.

L'Exposition mettant les Acquéreurs à même de se rendre compte de l'état et de la nature des Objets, il ne sera admis aucune réclamation une fois l'adjudication prononcée.

A. MAULDE et Cie, imprimeurs de la Compagnie des Commissaires-Priseurs,
rue de Rivoli, 144. 800—26366

24 Août 1892. 99 P

VENTE JUDICIAIRE

Du Mercredi 24 au Samedi 27 Août 1892

HOTEL DROUOT, SALLE N° 1

A DEUX HEURES

OBJETS D'ART

ET DE

TRÈS BEL AMEUBLEMENT

Renaissance et XVIII° siècle

TABLEAUX

DIAMANTS, PERLES

Pierres de couleur

MAGNIFIQUES TAPISSERIES

COMMISSAIRES-PRISEURS :

M° LÉON TUAL	M° G. DUCHESNE
Rue de la Victoire, 56	Rue de Hanovre, 6

EXPOSITION PUBLIQUE

Le Mardi 23 Août 1892, de deux heures à cinq heures et demie

PARIS — 1892

IMPRIMERIE MAULDE ET RENOU

A. MAULDE & Cie

IMPRIMEURS DE LA COMPAGNIE DES COMMISSAIRES-PRISEURS

Rue de Rivoli, 144. — Paris

Désignation des Objets

TAPISSERIES

1 — Très belle tapisserie des Gobelins de l'époque Louis XIV, représentant des scènes allégoriques à l'histoire d'Odette et du roi Charles.

Dans un intérieur de l'époque, on voit le roi et Odette jouant aux cartes, entourés de pages, de seigneurs et de serviteurs. A droite, près de l'âtre où l'on apporte des bûches de bois, le roi et Odette sont encore représentés jouant au jacquet. Entre des colonnes, au fond, on aperçoit le triomphe du Temps porté par des satyres, à travers un paysage boisé. Élégante bordure à guirlandes de fleurs avec feuilles d'acanthe aux écoinçons.

Cette tapisserie est des plus intéressantes par le caractère de sa composition et son bel état de conservation.

2 à 6 — Série de quatre superbes tapisseries du temps de Louis XV, représentant des allégories aux Saisons, avec bordure à suite d'enroulements, feuillages et rocailles

enguirlandés de fleurs de toutes sortes, en grande partie empiétant sur le champ des panneaux.

Le Printemps, composition de quatre personnages, est représenté par une déesse en peplum bleu décolleté et flottant, assise au pied d'un arbre. Allégorie de la Jeunesse, recevant les hommages des amours qui viennent autour d'elle, lui apportant des guirlandes et des corbeilles de fleurs. Au second plan, un personnage, assis derrière un pli de terrain, regarde le paysage qui se déroule à l'infini et un temple qui s'élève derrière une colline. Cette tapisserie porte dans le bas les marques M. R. D. B.

L'Été, représenté par un groupe d'enfants jouant avec des épis de blé sous les yeux de Cérès assise auprès d'eux, que l'Amour à l'écart regarde avec tendresse.

Composition de quatre figures ; au fond se déroule un paysage montagneux avec torrent.

L'Automne, représenté par une déesse assise, le visage souriant, la coupe en main, recevant le jus divin des grappes de raisin que l'Amour dans les airs lui verse ; un autre Amour qui la regarde boit à plein bord, et, à ses pieds, couché sur une panthère, un enfant tient dans ses mains, comme pour en tenter le farouche animal, une grappe de raisin.

Cette gracieuse composition est abritée par des arbres en fleurs et une grande draperie tombant en arrière.

L'Hiver, représenté par Junon assise sur un lion, avec une petite fille agenouillée près d'elle et un enfant se chauffant aux flammes d'un brasero. Fond de paysage arrosé par une rivière.

7 — Tapisserie aux armes de France et de Pologne, avec bordure à attributs guerriers. XVIIe siècle.

TENTURES, ÉTOFFES

TAPIS EUROPÉENS ET ORIENTAUX

8 — Quatre magnifiques décorations de croisées et de portes, composées chacune de deux pentes en velours de Gênes, fond jaune d'or à grands dessins rouges, fleurs et rinceaux; deux rideaux en velours vert, dessin à arabesques ton sur ton, dont un se relève à l'italienne, et doublés de lampas rose broché à fleurs et festons, avec galeries en bois sculpté et doré, en forme de lambrequins, et ornées, au milieu, d'un grand tablier rehaussé de rinceaux et de gerbes de fleurs se détachant en bas relief.

Ensemble décoratif du grand style Louis XIV.

9 — Quatre stores en soie crème, ornés d'applications à vases de fleurs et rinceaux en soie jaune et de couleur, garnis de franges pompons. Style Louis XIV.

10 — Trois belles pentes en velours de Gênes, fond jaune d'or, à grands dessins rouges et rinceaux. Style Louis XIV.

11 — Trois paires de grands rideaux et deux grandes portières en satin rouge, avec bandes en peluche, ornées d'anciennes broderies d'or et de soie orientales, à bouquets de fleurs et rosaces, surmontés de lambrequins et accompagnés d'embrasses et de glands assortis.

12 — Coiffure ancienne en velours rouge, brodée d'or, servant de coussin.

13 — Huit pièces de tenture en ancienne brocatelle de Gênes tissée d'or, fond rouge; dessin jaune et blanc.

14 — Chape en soierie rose épinglée, brochée d'argent et de soie; dessin à fleurs et festons d'ornement. Époque Louis XV.

15 — Cinq panneaux pour paravent avec six autres panneaux pour garnitures de sièges en velours, fond à dessin rouge. Renaissance.

16 — Lot de tentures en velours de Gênes, semblable à celui du salon Louis XIV.

17 — Grand et beau bandeau en soie crème, richement brodé d'argent et de soie; dessin à rinceaux, fleurs et jardinières. Époque Louis XIV.

18 — Robe ancienne en satin havane brodé de Chine, dessin au dragon et ornements.

19 — Casaque chinoise en soie damassée rose, richement brodée de fleurs et dragons.

20 — Casaque chinoise en soie damassée rose, richement brodée de rosaces et de fleurs.

21 — Robe chinoise, fond violet.

22 — Couvre-pieds en soie damassée bleu pâle, tissée d'argent.

23 — Suite d'étoffes anciennes brodées et brochées.

24 — Beau coussin rectangulaire, couvert d'ancien velours rouge richement brodé d'or à rosaces.

25 — Beau coussin en velours gros bleu, richement brodé d'or à rosaces. Travail ancien.

26 — Grand coussin carré couvert en peluche gros bleu et bandes diagonales en ancienne broderie d'Orient, sur fond de satin bleu encadré d'un chenillé à pompons assortis.

27 — Joli coussin carré en satin rouge, couvert de fleurs, de palmes et de feuillages en broderie d'or. Travail ancien d'Orient.

28 — Deux jolis petits coussins en velours gros vert couverts de broderies d'or, à fleurs et branchages.

29 — Coussin carré, couvert en ancien tapis d'Orient, petits dessins à bandes,

30 — Coussin rectangulaire, couvert en ancien tapis d'Orient, dessin à bandes de diverses nuances.

31 — Coussin rectangulaire, couvert d'un tapis ancien d'Orient, fond blanc, à bandes et petits dessins.

32 — Coussin long, couvert en ancien tapis d'Orient, fond jaune clair à bandes.

33 — Deux beaux Coussins en satin havane, tissés d'or et de soie de couleurs, représentant un paysage japonais avec oiseau fantastique planant dans les airs.

34 — Robe japonaise en soie rose brochée, richement brodée de fleurs et d'attributs en soies de couleurs.

35 — Robe japonaise en soie rouge, brodée à fleurs.

36 — Coussin long en soierie de Chine brodée, à personnages; bordure à fleurs; revers en soie rouge.

37 — Grand et magnifique tapis ancien d'Orient, fond rouge à rosaces et médaillons multicolores; bordures multiples à petits dessins.

38 — Jolie pièce de tenture, richement ornée d'applications de broderies d'or, d'argent et de soie, sur fond de satin de laine vert.

39 — Autre panneau dans le même goût.

40 — Très belle tenture de mosquée, en drap violet, offrant en broderies d'or, d'argent, de soie et de laine, neuf bosquets fleuris formés de gracieux rinceaux de branchages enlacés. Travail ancien d'Orient.

41 — Très belle portière ancienne d'Orient, fond bleu uni avec bordure à dessins sur fond rouge.

42 — Portière formée par un superbe tapis de prière tout en broderies d'argent et de laine, représentant au milieu une arcade fleurie et autour des festons d'ornements enguirlandés de fleurs. Travail ancien d'Orient, monté sur fond de peluche vert foncé.

43 — Divers grands tapis d'appartement.

44 — Jolie pièce de soierie rouge brodée d'argent, dessin à fleurs et palmes. Travail ancien d'Orient.

45 — Nappe orientale en fil de lin, brodée à fleurs et guirlandes.

46 — Grand et beau tapis ancien de Perse, fond gros bleu à trois médaillons, rosaces encadrées d'un semis de fleurs et d'oiseaux avec animaux fantastiques aux angles. Bordure à sept bandes de différents petits dessins.

47 — Petit tapis ancien d'Orient, fond gros bleu, à semis de fleurs et d'ornements. Bordure blanche à silhouettes d'oiseaux.

48 — Tapis ancien d'Orient, tissus velouté à reflets, dessin à bandes; bordure à carrelages.

49 — Petit tapis ancien d'Orient, tissu velouté à reflets, dessin mille raies polychromes.

50 — Grand tapis d'Orient. fond rouge à dessins verts.

51 — Petit tapis ancien d'Orient, dessin archaïque fond jaune; bordure foncée à petits dessins.

52 — Très beau tapis ancien d'Orient, en satin bleu turquoise richement brodé, à rosaces et corbeilles de fleurs, avec bordure à petit treillage fleuri.

53 — Joli petit tapis ancien en satin rouge couvert de fleurs et de feuillages en broderie.

54 — Petit tapis ancien d'Orient, tissu velours à reflets fond rouge; bordure verte.

55 — Tapis ancien d'Orient, fond bleu; bordure rouge.

56 — Tapis ancien d'Orient, fond blanc, tissu velours à reflets, dessin à arcades, bordure violette.

57 — Grand et beau tapis d'Orient, fond gros bleu, à semis de fleurs et d'ornements polychromes; bordure à petits dessins.

58 — Tapis d'Orient, fond gros bleu à petits dessins.

59 — Tapis d'Orient, fond gros bleu, dessin à médaillons et parterre de fleurs.

60 — Deux tapis-chemin.

61 — Panneau de tenture, broderie à personnages; composition de cinq figures.

62 — Tapis carré de l'Inde; dessin à palmes et rosaces.

63 — Deux coussins en drap noir brodé au dragon : oiseaux et papillons, dans des paysages, doublés de satin noir.

OBJETS D'AMEUBLEMENT

64 — Très beau meuble forme bahut largement cintré, de grand style Régence, s'ouvrant à une porte, décor fond

d'or, représentant sur le devant un médaillon à sujet oriental inspiré des compositions de Leprince. Tout autour se dessinent des enroulements, des dragons et des feuillages. Sur les côtés, des cartels à paysages encadrés de rinceaux et de branchages dans lesquels s'agitent des singes armés de lances ou jouant avec des oiseaux en cage. Ce meuble est très richement orné de bronzes finement ciselés et dorés : montant à masques fabuleux avec chutes de fleurs, appliques à feuilles d'acanthe très enroulées, encadrement à moulures et rinceaux feuillagés. Sur le devant, en haut, se détache un masque d'homme avec coiffure fantastique. Il est couronné par un beau groupe équestre en bronze doré, au ton ancien, représentant l'Enlèvement de Déjanire.

Il est posé sur un socle en bois sculpté et doré, avec pieds à volutes fond quadrillé, et orné sur le devant d'un tablier.

65 — Jolie table à contours, dessus en forme de plateau à anses, décoré d'un médaillon à sujets chinois, inspiré de Leprince, au milieu d'un paysage en couleurs et en camaïeu sur fond d'or; le pourtour représente des oiseaux sur des branchages et des fleurs; les encadrements et la bordure offrent des coquilles et des rocailles de style Louis XV.

66 — Jolie petite table forme rognon, en bois satiné et marqueterie à fleurs, ornée dessus d'une plaque en marbre onyx d'Orient et de moulures, d'encadrements et de montants en bronzes ciselés et dorés. Style Louis XVI.

67 — Table rectangulaire, en bois sculpté et doré, supportée par quatre pieds forme pilastres, décorés de mascarons

et de chutes de fleurs, bandeau à lambrequins. Dessus en marbre griotte. Style Louis XIV.

68 — Très beau paravent à deux grandes feuilles en laque noir, décoré en relief de corbeilles et de vases de fleurs en couleurs, à rehauts d'or. Style japonais.

69 — Belle draperie recouvrant le paravent, en satin gros bleu de Chine, richement brodé de fleurs et de feuillages en bleu de différents tons.

70 — Deux tabourets en bois sculpté et doré, à quatre pieds forme pilastres feuillagés, ralliés par un croisillon, couverts en velours gris avec large médaillon en velours vieil or, richement brodé d'un quadrillé à fils d'or et d'argent formant le fond, et d'un encadrement à rinceaux et coquilles. Style Louis XIV.

71 — Magnifique décoration de cheminée formée par un portail monumental en bois sculpté et doré. Le fronton, largement cintré, offre, au centre, une grande coquille avec guirlandes de fleurs et des rinceaux feuillagés. Il est supporté par deux grosses colonnes torses avec ceps de vigne s'enguirlandant autour, au milieu desquels se détachent des figures d'enfants et des oiseaux. Ces colonnes sont surmontées de chapiteaux corinthiens; elles posent sur des socles carrés, décorés de rosaces à fleurs et feuilles d'acanthe enroulées.

Remarquable travail de sculpture en haut-relief de la Renaissance italienne.

Une superbe tenture en peluche rouge avec larges bordures à fond de velours jaune et gris, richement brodée et appliquée de satin blanc d'argent, se relève à l'italienne à l'intérieur du portail.

72 — Belle décoration de dessus de cheminée, formée d'une tenture à bonnes grâces et lambrequins en peluche rouge et grise ornée de rinceaux et de rosaces en broderie et application de style Louis XIV. Avec deux rideaux en peluche verte garnie de franges rouges.

73 — Deux belles consoles en bois sculpté et doré, bandeau à lambrequins, pieds en forme de pilastre; dessus en marbre porphyre à reflets argentins. Style Louis XIV.

74 — Deux grandes glaces avec cadres, à frontons ornés de coquilles et d'enroulements en bois sculpté et doré. Style Louis XIV.

75 — Commode à deux tiroirs, élevée sur quatre pieds à consoles, en ancien laque fond noir, décor à paysages chinois animés de figures, rehaussé d'or, avec chutes à à têtes de lions et draperies. Sabots à griffes feuillagées et poignées en bronze doré, dessus en marbre blanc. Epoque Louis XVI.

76 — Table à jeu en marqueterie de cuivre sur fond d'écaille de l'Inde, style de Boule, ornée de beaux bronzes ciselés et dorés.

77 — Table-bureau en bois noir, ornée de bronzes et de cuivres. Époque Louis XV.

78 — Jolie petite table-toilette, dite Du Barry, en bois rose et marqueterie de bois naturel, dessin à vases de fleurs et bouquets, trophées guerriers, groupe de colombes, avec glace à l'intérieur et s'ouvrant à trois compartiments. Tablette à écrire sur le devant et tablettes sur les côtés. Ornée de bronzes. Style Louis XV.

79 — Bibliothèque-vitrine en chêne sculpté.

80 — Beau billard en bois sculpté et découpé à jour, travail dit moucharabi rehaussé d'or par parties, avec porte-queues, queues, boules et marquoir.

81-82 — Deux beaux meubles-bahuts en bois sculpté, avec montants à cariatides sur gaînes enguirlandées et drapées, s'ouvrant à deux portes vitrées. Style Renaissance.

83-84 — Deux grands et beaux vaisseliers d'applique en bois sculpté, garnis de balustrades, avec étagères supportées par des consoles feuillagées. Style Renaissance.

85 — Deux superbes torchères formées par des statues de femmes, en bois sculpté, avec costume amplement drapé, décor rouge rubis et vert émeraude et autres nuances à reflets mordorés; portant des hampes surmontées de couronnes en fer forgé et ornées de cabochons. Style Renaissance.

Ces deux torchères, placées sur la cheminée, peuvent être disposées isolément.

86 — Grand soufflet en bois sculpté, représentant un écusson et des cariatides de femmes ailées d'un côté, et de l'autre un masque de monstre. Le tuyau en bronze, forme de dragon, est surmonté d'un cartouche à figure grotesque. Style Renaissance.

87 — Armoire monumentale, forme maison japonaise. Très curieuse comme architecture et comme proportions.

88 — Deux tabourets en cuir de Cordoue et bois, à pieds tors. Époque Louis XIII.

89 — Deux consoles d'appliques, à figures de chérubins, en bois sculpté et doré, du temps de Louis XIII.

90 — Très belle cheminée d'aspect architectural en bois finement sculpté et découpé à jour, moucharabi, partie rehaussée d'or avec colonnettes en marbre supportant le fronton qui se termine par des arcades d'une délicatesse remarquable. Le devant est orné d'un lambrequin en velaurs rouge brodé d'or.

91 — Trois belles croisées dont deux disposées pour décoration murale en bois finement sculpté et découpé à jour, dit moucharbi, partie rehaussée d'or, se composant d'un fronton et de deux vantaux, s'ouvrant l'un à un battant et l'autre à deux battants.

94 — Beau panneau d'aspect architectural à fond de glace en bois sculpté, partie rehaussé d'or, représentant un portail de mosquée au milieu duquel s'élève un temple à colonnades à jour, renfermant le dieu du silence. Sculpture sur albâtre rehaussée d'or. La coupole est ornée de bas-reliefs sur ivoire.

95 — Écran à double face avec transparent en verre de couleur, monture bois sculpté et découpé à jour, composé de divers panneaux moucharabi, dessins variés d'une finesse remarquable.

96 — Balustrade en bois sculpté, partie rehaussée d'or.

97 — Grand et beau divan avec dossier couvert de magnifiques tapis anciens, tissu velours à reflets, dessin multicolore.

78 — Petit divan avec dossier couvert d'un très beau tapis ancien d'Orient, fond rouge grenat à petits dessins multicolores, bordure fond jaune.

99 — Niche d'encoignure, forme architecturale, en bois sculpté, avec vitrail peint, représentant une lampe de mosquée. Travail oriental.

100 — Balustrade style oriental, en bois sculpté rehaussé d'or par parties.

SCULPTURES

MARBRES, TERRES CUITES, CIRES

101 — *Nymphe et Vénus.* Œuvre remarquable de Falconet. Très beau groupe en cire teintée. Socle en bois doré, orné d'un tore de laurier.

102 — *La Nymphe au tambourin.* Joli bas-relief en terre cuite, de d'Épinay. Encadré.

103 — *Satyre et Enfants.* Attribué à Puget. Groupe de trois figures en terre cuite.

104 — *Femme couchée.* Maquette en terre cuite.

105 — Médaillon en terre décorée et émaillée, offrant, en haut-relief, un buste de femme en costume Moyen Age, dans un cadre en velours polychrome, bordé de franges.

106 — Curieuse statuette d'impératrice romaine, en marbre, albâtre, blanc et noir. (Précieux fragment ancien).

107 — Colonnette en spath fluor, surmontée d'un petit chapiteau en bronze doré.

108 — Colonne en marbre onyx d'Algérie, cannelée.

109 — Buste de César, en plâtre doré.

110 — Jolie colonne en marbre brèche fleuri, à chapiteau en bronze doré. Style Louis XIV.

BRONZES D'ART

ET D'AMEUBLEMENT

CUIVRES, ÉTAINS, FERS FORGÉS

111 — Buste en bronze grandeur nature : le Christ de Clésinger. Patine frottée d'or. Edition de Barbedienne.

112 — Joli buste de jeune fille en bronze, monté sur socle en marbre d'Orient avec plinthe en bronze doré. Style Louis XVI.

113 — Statuette en bronze, fonte creuse à cire perdue, représentant une femme amplement drapée. Travail de la Renaissance.

114 — Buste en bronze réprésentant *le Dauphin* en armure. Style Louis XIV.

115 — Jolie statuette en bronze : *Ève* de Kley.

116 — Médaillon rond en bronze offrant en bas-relief, d'un côté, le buste de Louis XIV, et, de l'autre, le chiffre du roi surmonté de la couronne de France. (Œuvre de Bertin, signée en toutes lettres et portant son poinçon).

117 — Petit groupe : *le Baiser*, d'Houdon, en bronze argenté et parties dorées, sur socle de marbre griotte orné tout autour d'une frise représentant en bas-relief le *Triomphe de l'Amour*.

118 — Bougeoir en bronze doré, pied à rocaille, fuseau en forme d'arbre avec figurine en ancienne porcelaine de Chine, décor en émaux de couleur. Epoque des Missionnaires. Monture de style.

119 — Bouteille à col allongé en bronze ancien martelé, rehaussé de décor en relief laqué, serpent, grenouille et insectes à rehauts d'or et d'aventurine.

120 — Miroir à main biseauté, monture en bronze ciselé, argenté et doré. Style Renaissance.

121 — Petite pendule de chevet, forme moulin, en bronze doré ; socle en marbre blanc.

122 — Bas-relief en bronze : *la Vierge et l'Enfant*. XVIIIe siècle.

123 — Deux grands plats en cuivre repoussé, à bustes de personnages, ornements et fleurs de lis.

124 — Paire de jolis candélabres formés de vases, en marbre fleuri d'Orient, ornés d'anses à têtes fantastiques, montés

sur socles et couronnés de bouquets de lis à trois lumières en bronze cisele et doré. Style Louis XVI.

125 — Paire de petits flambleaux en bronze, modèle bambou.

126 — Belle statuette en bronze : *Persée,* d'après Benvenuto Cellini.

127 — Deux grandes lanternes de forme gothique et architecturale, en fer doré, couronnées par des oriflammes et des bras d'appliques en bois doré.

128 — Deux bras d'appliques à quatre lumières, en fer forgé. Époque Louis XIII.

129 — Jardinière en cuivre, à godrons, élevée sur support en fer forgé, modèle à rinceaux, orné de fleurs. Époque Louis XIII.

130 — Jardinière en cuivre, à anses mobiles, posée sur un support en fer forgé, modèle à rinceaux, orné de fleurs et de feuillages. Époque Louis XIII.

FAIENCES, PORCELAINES

131 — Très beau buste en faïence de Rouen, représentant l'empereur Marc-Aurèle, avec socle adhérent au chiffre de Médicis. Pièce rare.

132 — Deux petites figurines, enfants, en porcelaine de Saxe : *Turc et comédien.*

133 — Deux cornets en faïence d'Urbino, fond bleu à arabesques à fleurs.

134 — Joli tête-à-tête en ancienne porcelaine de Sèvres, pâte tendre, composé d'un plateau à anses, une théière, un sucrier, deux tasses avec soucoupes, décor à bandes de fleurs détachées et médaillons, bordure bleue, le tout rehaussé d'or.

135 — Soupière ovale avec couvercle, en faïence de Delft, décor polychrome, surmontée d'une grappe de raisin.

136 — Plat de forme poisson avec couvercle, en faïence de Nevers.

137 — Bassin oblong et lobé, en vieux Sèvres, décor à fleurs.

138 — Canard en poterie antique rehaussée de peinture.

139 — Vingt-sept assiettes plates et creuses en ancienne porcelaine de Naples, décor à bouquets de fleurs et guirlandes.

140 — Paire de vases de Chine décorés de médaillons à personnages de fleurs et d'attributs, avec dragons dorés en relief.

141 — Flambeau formé par un éléphant, en Chine.

142 — Pendule en faïence de Gien, décor raphaélesque.

OBJETS D'ART

DE L'ORIENT, DE CHINE ET DU JAPON

143 — Belle vasque en cuivre gravé, repercé et doré, représentant des arabesques et des suites de personnages, de cavaliers et d'animaux, montée sur un socle en bois finement sculpté et décoré à jour, dit moucharabi, forme à pans.

144 — Beau coffret ancien en bois sculpté et laqué à rehauts d'or, de couleurs, dessins, fleurs et ornements. Travail persan. Ce coffret, trouvé dans le palais de l'émir du Khokhand, Ourman-Beck, après la prise de la ville par les Russes, fut donné au général Effimovitch.

145 — Lampe de mosquée, à une torche, forme octogone, à pans fuyants, en cuivre finement repercé et gravé. Travail ancien d'Orient.

146 — Lampe de mosquée, à une torche, forme octogone, à pans fuyants, en cuivre finement repercé et gravé. Travail ancien d'Orient.

147 — Très belle aiguière avec son bassin, en cuivre, ornée de médaillons en relief émaillés à gouttelettes, sur fond gravé. Sur chaque côté de la panse ressortent des rosaces ajourées. L'anse est surmontée d'une boîte à encens et le bec a une forme tout à fait fantastique. Pièce intéressante et rare.

148 — Deux appliques en cuivre en forme de grandes rosaces, à morions et ajourées. Travail ancien d'Orient.

149 — Deux beaux vases avec couvercles dômés, surmontés d'une pointe, en cuivre finement gravé et repercé, décor à guirlandes de fleurs et d'ornements se dessinant en spirale. Travail ancien d'Orient.

150 — Deux appliques rondes forme rosace, en cuivre rouge repercé et gravé, avec poignée en fer servant à la tension d'une tenture.

151 — Jardinière de forme surbaissée, en cuivre émaillé, décor à dessins bleu et orange sur fond blanc. Travail ancien d'Orient.

152 — Plateau oblong, en bois orné d'incrustations de nacre. Travail d'Orient.

153 — Plateau rond en cuivre émaillé, décor fond blanc avec rosaces et arabesques en couleurs. Travail ancien d'Orient.

155 — Joli vase forme lampe arabe, en verre émaillé et rehaussé d'or.

156 — Petite divinité antique, sur socle en bois noir.

157 — Très curieux coffre à nombreuses réserves secrètes, en fer finement découpé à jour, sur fond à décor rouge et vert laqué avec poignées. Servait autrefois au transport des joyaux les plus précieux d'un émir.

158 — Plateau octogone en métal incrusté d'argent, dessin à

semis de feuillages avec rosace au centre ; bordure à arabesques. Travail d'Orient.

159 — Plateau rond, en cuivre gravé et argenté, décor à rosaces. Travail ancien d'Orient.

160 — Deux Plateaux en cuivre repoussé et émaillé, décor à rosaces et ornements. Travail ancien d'Orient.

161 — Deux petites burettes en fer, parties dorées, ornées de damasquinures d'or à petits dessins d'une grande finesse.

162 — Deux tasses en porcelaine blanche avec porte-tasses en argent repercé, décor à fleurs et arabesques. Travail d'Orient.

163 — Quatre tasses en porcelaine blanche avec leurs porte-tasses en cuivre doré et émaillé. Travail d'Orient.

164 — Gobelet à piédouche, en fer, partie doré et décoré de damasquinures d'or. Travail d'Orient.

165 — Bel aspergeoir ou brûle-encens, en cuivre finement repercé et gravé, enrichi de turquoises, panse sphérique, col tortillé, dessin en spirale. Travail ancien d'Orient.

166 — Couteau à lame de Damas, manche en ivoire, garniture en argent niellé, enrichie de turquoises, fourreau en cuir.

167 — Grand couteau de chasse, manche en palmier, partie décoré.

167 *bis* — Poignard oriental avec manche en jade vert et fourreau en argent repoussé, se terminant en tête de dauphin.

168 — Sept petites tasses et porte-tasses en porcelaine orientale à rehauts d'or.

169 — Façade de niche forme architecturale, en bois sculpté, avec panneau en verre peint et émaillé, représentant un vase de fleurs sous une arcade.

170 — Cassolette formée par un personnage et un éléphant, en porcelaine fine du Japon.

171 — Porte-bouquets en ancienne porcelaine de Chine, forme vase à cinq tubes, décor bleu au dragon.

172 — Statuette à tête mobile, en grès ancien de Chine, riche costume rehaussé de couleurs.

173 — Aiguière avec bassin du Japon, forme coquille, décor polychrome à rehauts d'or aux armes de France.

174 — Panneau en faïence de Perse, décoré d'inscriptions en couleurs et or.

175 — Sept petites tasses à café à fond gros bleu et rehauts d'or.

176 — Dix-neuf assiettes du Japon, décor oiseaux et plantes en polychrome rehaussé d'or.

177 — Douze grandes assiettes du Japon, décor en relief, fleurs et oiseaux en polychrome à rehauts d'or.

178 — Statuette en bronze ancien du Japon.

179 — Statuette en bronze ancien de l'Inde.

180 — Curieuse boîte en laque fin du Japon, fond d'or, offrant dessus un microscope.

181 — Petit brûle-parfums forme lobée, en laque fin du Japon, fond aventurine, décor paysages à rehauts d'or; couvercle feuillagé.

182 — Petite boîte carrée à compartiments, en laque fin du Japon, fond aventurine, avec coq et fleurs à rehauts d'or.

183 — Petite trousse en laque fin du Japon, fond d'or, décorée de poissons en rouge.

BIJOUX

DIAMANTS, SAPHIRS

184-188 — Très belle parure en diamants anciens dite de *Marie-Antoinette*, comprenant :

Un collier formé de quarante et un chatons en brillants, auquel est suspendu, par un nœud de rubans, un Saint-Esprit tout en brillants;

Un diadème, dessin à arabesques se terminant par des trèfles et surmontés d'ornements à entourages, avec fleurs et feuillages au milieu; le tout se détachant sur une triple galerie en roses anciennes;

Deux pendants d'oreilles ou d'épaules, formés de chutes en diamants ancienne taille, au milieu de chaînettes tout en roses dessinant un entourage flexible et suspendues à des festons de rubans;

Deux bagues composées chacune de cinq diamants ancienne taille.

189 — Deux ferrets formés de gros brillants du Brésil entourés de brillants, pouvant servir de boucles d'oreilles et de pendant de cou, avec une belière en brillants, qui s'y adapte.

190 — Riche bracelet composé de cinq gros brillants montés à griffes, sept autres brillants, deux gros saphirs et dix autres plus petits.

191 — Deux magnifiques colliers, formant chaîne de corsage, bandeaux de coiffure et bracelets, composés de quarante-deux grands saphirs et de quarante carrés de quatre brillants; en tout, cent soixante brillants, plus, d'un gros brillant solitaire formant le milieu du collier.

192 — Grand et beau bracelet, composé d'un très gros saphir entouré d'ornements en brillants et roses; le corps du bracelet offre une suite de rinceaux et de chatons en brillants et roses.

193 — Épingle de corsage ou de cheveux, avec pampilles en brillants.

PERLES

194 — Très beau collier composé de quatre cent neuf perles, pouvant faire sept tours de cou, en collier de chien.

195 — Beau collier de cinq rangs de perles, composés de six cent soixante-treize perles, avec riche fermoir : émeraude entourée de brillants.

196 — Grande et belle broche forme serpent, tout en brillants, tête formée d'un gros brillant pendeloque, avec jolie perle rose suspendue dans le haut et très grosse perle grise attachée au dard du serpent.

197 — Beau peigne en écaille, avec galerie de sept grosses perles blanches sur un dessin diadème, à draperies en roses surmontées de brillants montés à griffes, entrecoupés de rubis.

198 — Très belle broche forme pois à écosser, tout en brillants, enrichie de quatre grosses perles grises, avec bordure en petites émeraudes.

199 — Grande et belle broche, forme tête de hibou tenant dans son bec un serpent en brillants, avec yeux en œils-de-chat entourés de petits rubis et grosse perle d'Orient suspendue au dard du serpent.

200 — Belle broche forme fleur de lis, en perle noire, perle rose et perle blanche; monture dessinant d'élégants rinceaux à feuillages tout en brillants; bélière en brillants s'y adaptant pour faire pendant de cou.

201 — Deux petites broches composées de perles blanches d'Orient entourées de deux rangs de brillants.

202 — Broche pendentif formée par un serpent en brillants, et brillants bruns avec perle baroque forme poire.

RUBIS, ÉMERAUDES, PIERRES DE COULEUR

BIJOUX DIVERS

203 — Broche forme écran, en émeraudes et brillants.

204 — Paire de pendants d'oreilles en brillants, avec émeraudes poires.

205 — Bague composée d'un rubis d'Orient, entouré de brillants.

206 — Bague, cercle partie en roses, avec petites perles blanches d'Orient, forme gourde.

207 — Deux épingles de chapeaux formées chacune d'une poire en lapis-lazuli avec cartouches en roses.

208 — Épingle de cravate formée d'un buste en sardoine orientale surmonté d'une couronne; monture or émaillé avec petite étoile en roses.

209 — Épingle de cravate, forme fleur de lis, tout en roses.

210 — Épingle de cravate, forme fleur de lis, en perles et petits brillants.

211 — Épingle de cravate en agate orientale, forme écusson surmontée d'une couronne en rubis, émeraude et roses.

212 — Épingle de cravate, forme marquise, en marcassite, fond d'émail bleu.

213 — Collier en argent ciselé et doré, modèle à ornements alliés par des doubles guirlandes de fleurs.

214 — Collier normand en or, avec chaînettes et pampilles.

215 — Collier avec croix en or émaillé, ornée de pampilles forme gourdes.

216 — Montre plate en or émaillé, dessin à arabesques.

217 — Petit pendentif en or émaillé, avec trois pampilles enrichies de pierreries.

218 — Bague en or, forme marquise, avec petite montre au centre tout enrichie de diamants.

219 — Collier ou cercle de coiffure enrichi de pendeloques, en pierres précieuses, dites fétiches d'Orient.

220 — Grande chaîne de gousset, avec ses breloques, en argent. Époque Directoire.

221 — Grande agrafe de manteau en filigrane d'argent doré.

222 — Broche en filigrane d'argent, enrichie de turquoises.

OBJETS DE VITRINE

BIJOUX ANCIENS, BOITES, IVOIRES, FLACONS

MINIATURES

223 — Reliquaire-pendentif en argent doré et émaillé, offrant d'un côté, en peinture sous verre, la Vierge en prière, et de l'autre côté, finement repercé à jour, le chiffre du Christ.

224 — Crochet en turquoises et perles.

225 — Pendentif représentant la Vierge et l'Enfant, entourés de chérubins, en argent doré. XVIIe siècle.

226-227 — Deux très beaux émaux peints forme ovale : Portraits de grandes dames de l'époque Louis XVI, en costumes coquettement décolletés. Œuvres de *Kanz*. (Signés.) Cadres en cuivre, fond de velours rouge.

228 — Bonbonnière en poudre d'écaille, ornée sur le couvercle d'une jolie miniature sur ivoire : Portrait de la marquise de Coulonges, par Kanz (Signée).

229 — Petit plateau, forme à contours, en argent repoussé et gravé, décor à rocailles.

230 — Charmant petit étui en forme de gaine, surmonté d'un buste de femme en argent doré et émaillé, enrichi de roses et de rubis. Époque de la Régence.

231 — Joli étui en argent émaillé, decor de sujets mythologiques. Style Louis XVI.

232 — Précieux rouleau : Manuscrit offrant des légendes et versets du Coran, à l'encre et rehauts de couleur, enveloppé de cuir doré avec extrémités garnies d'ivoire et incrustés d'argent niellé.

233 — Médaillon-reliquaire-pendentif : Camée dur, représentant l'Adoration des rois mages. Monture en argent, enrichie de perles et d'émeraudes. XVIIe siècle.

234 — Petite corbeille de fleurs en ancienne porcelaine de Chelsea, décor en relief et à jour.

235 — Grande broche de corsage, en argent émaillé, avec pendeloques et pampilles, enrichie d'émeraudes, de perles, de rubis et de topazes.

236 — Joli cachet en rouge antique, surmonté d'une figurine de Cambrinus dont le corps est formé d'une grosse perle baroque, ave tête et costume en or ciselé.

237 — Miniature ovale : Portrait de femme coiffée d'un foulard.

238 — Miniature ronde : Portrait de jeune femme, représentée en *Flore*. Epoque Louis XVI.

239 — Émail ovale : Portrait de jeune fille orientale. Cadre en cuivre gravé. Époque empire.

240 — Clef avec panneton, en argent ciselé, formé de cariatides et du chiffre royal de France.

241 — Plaquette en bronze, représentant Io et Jupiter.

242 — Petite poudrière en bois sculpté, offrant en bas-relief des médaillons allégoriques à la vie de Diane. Époque Renaissance.

243 — Très petite boîte à mouches, en argent gravé et doré, ornée sur le couvercle d'un émail peint : Personnages au bord de la mer. Époque Louis XV.

244 — Petit plateau en émail gros bleu de Venise sur argent, décoré au centre d'un sujet allégorique à l'Union, la Paix et la Justice, avec ornements aux angles. Travail en réserve. Époque Louis XIII.

245 — Flacon en or formé de cariatides, enrichi de roses, et, à l'extrémité, une améthyste pour servir de cachet. Époque Louis XVI.

246 — Petit tableau en verre églomisé, représentant Saint-Jérôme en prière. XVIe siècle. Cadre en bois noir.

247 — Baiser de paix en bronze ciselé et doré, offrant au centre la Vierge et l'Enfant, avec encadrement à cariatides et têtes de chérubins. Époque Renaissance.

248 — Brochette en or, avec deux décorations enrichies de diamants.

249 — Petite broche à pampilles en roses anciennes, monture en or et en argent. Époque Louis XVI.

250 — Pendentif forme Saint-Esprit, en or émaillé, enrichi de pierreries. Époque Louis XVI.

251 — Haut-relief sur ivoire, représentant le Sommeil de Vénus. Socle en marbre griotte. XVIIIe siècle.

252 — Groupe de Mendiant et Joueur de vielle, en ivoire, d'après Dinlinger, sur socle en bois.

253 — Aiguière en ivoire finement sculpté, offrant en bas-relief des figures de Sirènes et de Silènes dans des entrelacs. L'anse est ornée de masque raphaélesque et se termine par une tête de chérubin. Style Renaissance.

254 — Coffret à bijoux en ivoire finement sculpté à jour, dessin à arasbesque et ornements. Époque Louis XIII.

ARGENTERIE

255 — Très élégant service à thé et à café composé d'un plateau, d'une cafetière, d'une théière, un pot à crème et sucrier tout en argent martelé, de formes les plus gracieuses, décor à jetées de fleurs finement ciselées et rehaussées d'or de couleur.

Les anses de chaque pièce et les bords du plateau sont ornés de charmants groupes ou figurines d'enfants modelés en ronde bosse dans des attitudes différentes en prenant leurs ébats.

Œuvres des plus remarquables comme sculpture et travail d'orfèvrerie, de Cabot et Hijos de Barcelone.

(A obtenu la médaille d'or à l'Exposition de cette ville.)

256 — Deux plats ronds à bords festonnés en argent, bordure à guirlandes de raisins.

257 — Plat oblong en argent de même travail.

258 — Petite écuelle à anses plates avec couvercle et plateau, décor à guirlandes de fleurs, travail au repoussé, intérieur en vermeil.

259 — Petite écuelle à anses plates avec couvercle et plateau en argent, bordure repoussée, décor à ornement. Style Louis XIV.

260 — Deux coupes à bonbons avec pied en argent repoussé et repercé à jour, représentant des petits faunes musiciens au milieu d'ornements feuillagés. Style Louis XVI.

261 — Joli service oriental, composé d'une aiguière, d'un verre et de deux plateaux de grandeurs différentes, en argent finement gravé et doré, dessin à semis de fleurs et de branchages, serpents et animaux. Travail d'une grande finesse.

262 — Corbeille à pain, avec anse en argent repoussé; décor à coquilles, feuillages et fleurs.

262 — Joli plat rond en argent repoussé, à ombilic; décor à fleurs et arabesques. Époque Louis XIII.

264 — Cafetière tripode en argent, avec bec forme tête d'aigle, couvercle surmonté d'une pomme de pin. Époque Empire.

265 — Douze couverts, couteaux et fourchettes, avec manches en bronze ciselé; travail japonais, dans un écrin.

266 — Douze couverts d'entremets, en argent.

DENTELLES

DENTELLES BLANCHES

267 — Magnifique robe de Bruges avec son écharpe, son ombrelle, son fichu et sa garniture de corsage, et un volant pouvant s'ajouter au bas de la robe. Robe. Larg., 4 mètres; haut., 95 cent. Écharpe. Long., 3 mètres 40 cent.; larg., 38 cent. Volant, Long., 3 mètres 30 cent.; haut. 15 cent. Garniture du corsage. Long., 1 métre; haut., 25 cent.

268 — Ombrelles de Bruxelles, dessin à guirlandes d'ornements et entrelacs de fleurs. Style Louis XVI.

269 — Ombrelle de Bruxelles, fond à semis de fleurs, bordure à palmes et roses détachées. Style Louis XIII.

270 — Coupe en point d'Angleterre, style Louis XIII, fond à semis de fleurs, bordure à bouquets et arabesques. — Long., 1 mètre 55 cent.; haut., 18 cent.

271 — Coupe en point d'Angleterre, petit dessin. — Long., 1 métre 75 cent.; haut., 8 cent.

272 — Coupe d'Argentan, dessin Louis XIV à festons et guirlandes. — Long., 95 cent., haut., 6 cent.

273 — Très belle pointe en dentelle au point, dessin Louis XVI.

274 — Grande pointe en application, dessin à bouquets de fleurs et feuillages. Style Louis XVI.

275 — Pointe en application, dessin à bouquets de fleurs, bordure à guirlandes d'ornements et dentelée.

276 — Coupe d'entre-deux de Malines. — Long., 9 mètres.

277 — Coupe de Malines. — Long., 1 mètre.

278 — Fichu en application, dessin à guirlandes et fleurs.

279 — Coupe de Valenciennes, dentelée. — Long., 1 mètre 27 cent.

280 — Demi-parure : Col et garniture de manches, en Bruges et point duchesse.

281 — Col carré en point d'Irlande, dessin à entrelacs de fleurs.

282 — Volant de Bruxelles, dessin Louis XVI. — Long., 9 mètres 25 cent.; haut., 20 cent.

283 — Volant de Bruxelles, dessin Louis XVI. — Long., 5 mètres 50 cent.; haut., 10 cent.

284 — Coupe de Bruxelles, dessin Louis XVI. — Long., 10 mètres 10 cent.; haut., 7 cent.

285 — Coupe de Bruxelles. — Long., 1 mètre 35 cent.

286 — Coupe d'application, dessin à lambrequins. — Long., 55 cent.

CHANTILLY

287 — Grand et beau châle carré, riche dessin à fleurs et ornements, style Louis XVI, mesurant 2 mètres de côté.

288 — Belle écharpe à grand dessin, fleurs et ornements. — Long., 4 mètres.

289 — Belle robe, dessin à trois volants, guirlandes de fleurs, bouquets et ornements. — Haut., 1 mètre ; larg., 3 mètres 80 cent.

290 — Volant, dessin guirlandes d'ornements et bouquets de fleurs. — Long., 7 mètres 60 cent.; haut., 31 cent.

291 — Fichu à pointe, élégant dessin à festons d'ornements, guirlandes de fleurs et de feuillages.

292 — Voilette, fond moucheté, bordure à guirlandes et draperies.

VERRES DE VENISE

293 — Service à vin du Rhin, en verre de Venise ; pieds à tortillons.

INSTRUMENTS DE MUSIQUE

294 — Beau trophée d'instruments de musique.

295 — Jolie harpe en bois finement sculpté, ornée de guirlandes de lauriers et de fleurs et décorée d'attributs de musique, de paysages et de couronnes de roses en couleur, sur fond d'or. Époque Louis XVI.

296 — Mandoline ancienne en bois orné de marqueterie.

TABLEAUX

BÉRAUD (JEAN)

297 — *Un Coin du Faubourg Montmartre.*

C'est l'heure de la rentrée des ateliers après le déjeuner. De nombreux passants, petites ouvrières, garçons de banque, etc., etc., se hâtent sur le trottoir. Sur la chaussée, un homme traîne une voiture à bras; plus loin, un fiacre, un omnibus; le tout enveloppé de la fumée sortant d'une chaudiéré de bitume.

Ce tableau indique bien la vie et le mouvement d'un des coins les plus animés de Paris.

Signé à droite.

H. 0^m70. L. 0^m50.

BERGHEM (DIRCK VAN)

298 — *Animaux passant un gué.*

H. 0^m30. L. 0^m35.

BOULANGER (G.).

299 — *La Toilette au Harem.*

Signé à gauche.

Toile : H. 0^m34. L. 0^m25.

COURBET

300 — *La Loue.*

Signé à droite.

H. 0^m72. L. 1^m.

COURTOIS (Jacques dit le Bourguignon)

301-302 — *Chocs de cavalerie.*

Deux pendants.

H. 0^m17. L. 0^m38.

GABRINI (P.).

303 — *Dans les lagunes.*

Signé sur le bateau.

Toile : H. 1^m. L. 1^m38.

MANGLARD

304 — *Marine: après la tempête.*

Bois : H. 0^m22. L. 0^m27.

MIGNARD (École de)

305 — *Portrait de femme; époque Louis XIV.*

Portrait allégorique.

Forme ovale.

SAINTIN

306 — *Paysage.*

Signé à droite et daté.

Bois : H. 0^m51. L. 0^m23.

307 — Pendant du précédent.

Signe à droite.

Bois : H. 0^m15. L. 0^m23.

TÉNIERS (D'après)

308 — *Le Galant Buveur.*

Bois : H. 0^m20. L. 0^m16.

TÉNIERS (D'après)

309 — *Le Cabaret.*

H. 0^m50. L. 0^m64.

TCHOUMAKOFF

310 — *Tête de femme.*

Signé en haut, à gauche.

Bois : H. 0^m22. L. 0^m17.

VASON

311 — *Un Coin de rue de Venise.*

Signé à droite.

H. 0^m76. L. 0^m50.

WASHINGTON

312 — *Fauconniers.*

Signé à droite.

Toile : H. 0^m26. L. 0^m32.

ÉCOLE FRANÇAISE

313 — *La Déclaration.*

Toile : H. 0m22. L. 0m17.

ÉCOLE FLAMANDE

314 — *Tête d'homme.*

H. 0m47. L. 0m37.

ÉCOLE ESPAGNOLE

315 — *Ecce homo.*

Forme ovale.

Toile : H. 0m60. L. 0m48.

GOUACHES, AQUARELLES DESSINS

BALTREY

316 — *Paysage.*

Peinture sur faïence.

BAUDOUIN (D'après)

317 — *La Fille mal gardée.*

Gouache.

BELLANGÉ (Hippolyte)

318 — *Le coup de l'étrier; passage de hussards dans un village.*

Aquarelle.

Signé à droite et daté 1830.

BODINIER

319 — *Les Amants surpris.*

Sépia.

DETAILLE (Ed.)

320 — *La Carte de France.*

Une carte entourée, dans le haut, d'attributs militaires; au bas, autour d'un cartel portant la date de 1884, sont groupés des élèves des différentes écoles : polytechnique, Saint-Cyr, école d'artillerie, etc.

Composition pour l'ouvrage intitulé : *l'Armée française.*

Aquarelle et gouache.

Signé à gauche et datée 1884.

DEFAUX

321 — *La Gardeuse de moutons.*

Peinture sur faïence.

LANZA

322 — *La Piccola marine (Capri.)*

Aquarelle.

LLOVERA

323 — *Galante Conversation.*

Aquarelle.

Signée à gauche et datée 1880.

MALLORQUIN (Pedro Cotto)

324 — *Saint Jérôme dans une grotte.*

Au milieu d'un charmant paysage, avec vue de palais en ruine et nombreuses figures et animaux.

Peinture d'une grande finesse, sur verre.

MAZEROLLE

325 — *La Goutte d'eau et la Perle.*

Dessin au crayon noir rehaussé de blanc.

Sur papier teinté.

Signé à gauche.

PAREDES

326 — *Intérieur arabe.*

Aquarelle.

VALKENBURG

327 — *La Basse-cour.*

Gouache.

ÉCOLE DU XVIIe SIÈCLE

328 — *La Pièta.*

Peinture sur verre.

ÉCOLE ANCIENNE

329 — *Châtelaine entourée de ses petits-enfants.*

Gouache.

ÉCOLE FRANÇAISE

330 — *Saltimbanque.*

Aquarelle.

ÉCOLE FRANÇAISE

331 — *La Mosaïque de Lillebonne.*

Dessin en couleur.

ECOLE FRANÇAISE

332 — *La Musique et l'Amour.*

Dessin.

ÉCOLE FRANÇAISE

(XVIIe SIÈCLE)

333 — *Jeune Femme en très élégant costume de l'époque, assise et tenant un livre de musique à la main.*

Dessin.

ÉCOLE MODERNE

334 — *Deux compositions allégoriques.*

Dessin et aquarelle.

ECOLE MODERNE

335 — *Figure allégorique.*

Aquarelle dans un cadre en peluche, avec gros cabochons.

ÉCOLE MODERNE

336 — *Grand émail restangulaire, représentant une scène biblique.*

GRAVURES

ANSDELL (D'après R.)

337 — *Scènes de chasses.*

Deux gravures.

BOUCHER (D'après)

338 — *Le Malade imaginaire.*

Gravure.

GIRARDON (D'après)

339 — *Le Christ en croix.*

Gravure.

LANDSEER (D'après)

340 — *The Moist and the Magpie.*

LANSEER (D'après)

341 — *L'Oncle Tom et son épouse.*

342 — *Jack à l'office.*

Deux gravures.

LE CLERC (D'après)

343 — *La Veilleuse.*

Gravure.

LEPRINCE (École de)

344 — *Gravure sur cuivre.*

RESTOUT (D'après)

345 — *Scène de la vie du Christ.*

Gravure.

VAN LOO

346 — *Sainte Geneviève.*

Gravure.

ÉCOLE FRANÇAISE

347 — *Boucher représentant Mme de Pompadour dans l'une des trois Grâces.*

Gravure.

ÉCOLE FRANÇAISE

348 — *Les Amours cordonniers.*

Pièce en couleur.

ÉCOLE ITALIENNE

349 — *Projets de décorations.*

Trois pièces en couleur.

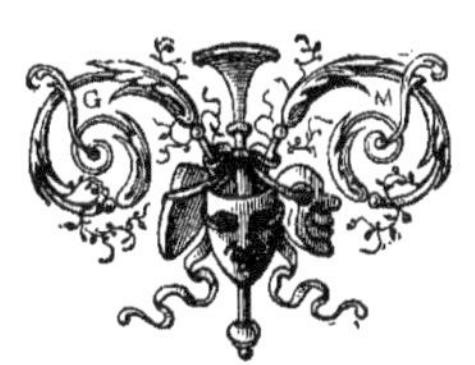

www.ingramcontent.com/pod-product-compliance
Ingram Content Group UK Ltd.
Pitfield, Milton Keynes, MK11 3LW, UK
UKHW020444180726
13839UKWH00004B/1614

9 782329 529868